Primera Juan

José Young

Ediciones Crecimiento Cristiano

José Young
Primera Juan : así conocemos el amor . - 1a ed. -
Villa Nueva : Crecimiento Cristiano, 2014.
44 p. ; 21x14 cm.

ISBN 978-987-1219-31-5

1. Estudios Bíblicos.
CDD 220.7
Fecha de catalogación: 12/06/2014

© 2014 **Ediciones Crecimiento Cristiano**
Título: 1a. Juan
Autor: José Young
Primera edición: 2014
I.S.B.N.: **978-987-1219-31-5**

Diseño de tapa: Ana Ruth Santacruz

Impreso en los talleres de
Ediciones Crecimiento Cristiano
Córdoba 419
5903 Villa Nueva, Córdoba
Argentina

oficina@edicionescc.com
www.edicionescc.com

IMPRESO EN ARGENTINA

VE21

Índice

Introducción

La manera en que Dios mostró su amor es bien clara. Es quien tomó la iniciativa y quien mandó a Jesús a la cruz para darnos vida.

¿Pero qué pruebas damos nosotros de que amamos realmente a Dios? Este es el planteo que iremos descubriendo a través de sus páginas.

Cuando comenzamos a leer la primera carta de Juan nos lleva directamente a enfrentarnos al estilo de su Evangelio: sencillo, pero con una profundidad penetrante.

Se calcula que la carta fue escrita alrededor del año 95 d.C., y, principalmente, debate la herejía del *gnosticismo*. En esencia, éste destaca una separación de la materia y el espíritu. Lo físico, lo material, es considerado malo y lo "espiritual" es bueno. Pero ellos llegaron al extremo de negar el aspecto humano de Cristo. Sostenían que el Cristo "ocupaba" el cuerpo de Jesús como un estuche, un ser espiritual escondido en un cuerpo humano.

Esa herejía tenía implicaciones doctrinales y prácticas y Juan ocupa una buena parte de su carta combatiéndolas.

Juan, con un estilo repetitivo, dice mucho con pocas palabras, dando énfasis a sus argumentos.

Durante el estudio voy a referirme a tres versiones de la Biblia:

RV – Reina Valera 95 o Contemporánea
NVI – Nueva Versión Internacional.
DHH – Dios habla hoy.

1

Vida y luz

1a. Juan 1.1-10

Sin ningún tipo de introducción Juan va directamente al tema. Este es un contraste notable con las cartas de Pablo.

1- Cuando Juan dice: "lo que ha sido desde el principio" (NVI) ¿Qué quiere decir?

Juan y los otros discípulos tuvieron una relación privilegiada con el Señor. ¿Puede imaginar cómo sería escucharlo directamente y aún tocarlo?

2- ¿Qué nos dicen 1º Pedro 1.8 y 2º Corintios 5.16 acerca del versículo 1?

Tanto en su evangelio como en esta carta Juan habla del "verbo" o "palabra" (DHH) de vida.

3- ¿Qué significa este uso de la palabra "verbo" para referirse al Señor?

Juan comienza su evangelio de una manera muy parecida a esta carta.

4- ¿Qué más aprendemos del "verbo" en Juan 1.1-14?

La Palabra se hizo carne y los discípulos lo oyeron. Pero "oír" es una prueba débil. También lo "vieron", una comprobación más impresionante. Pero el hecho de "tocarlo" (nota 1) era la prueba segura de que el Verbo se hizo carne y vivió entre nosotros.

Juan escribe como testigo, y anuncia con autoridad. Escribe para que los lectores tengan comunión con ellos (Nota 2). Es llamativo, como afirma Juan, que el propósito de su mensaje fuera crear una relación, formar una comunidad. Es cierto que Dios nos ofrece vida a cada uno, pero su propósito es la nueva creación: su iglesia.

Notemos el progreso: escribe para que tengan comunión con ellos y su comunión es con el Padre y Jesucristo. Si comparamos diferentes versiones de la Biblia nos damos cuenta de que se puede traducir el versículo 4 de dos maneras:

"..que nuestra alegría sea completa."
"..que la alegría de ustedes sea completa".

5- ¿Cuál de las dos le parece más correcta? ¿Por qué?

Note la progresión de los primeros cuatro versículos:
En el principio... se manifestó... lo declaramos... para tener comunión... con gozo.
El mensaje que Juan afirma es sencillo: "Dios es luz".

6- ¿Es lo mismo decir "Dios es luz" que "Dios es como luz"? ¿Por qué?

Los versículos 5-9 apuntan especialmente a uno de los errores graves del *gnosticismo*. Ya que separaban cuerpo y espíritu, afirmaban que lo que hace el cuerpo no puede contaminar el espíritu. Con esa distinción una persona puede ser muy "espiritual" pero hacer lo que desea.

Juan dice que lo que determina si tenemos comunión con Dios o no, depende si vivimos en la luz o en la oscuridad.

7- ¿Qué es "vivir en la luz"?

Observe que las dos condiciones para recibir el perdón de pecados son "vivir en luz" y "confesar nuestros pecados" (versículo 9).

8- ¿Qué es confesar nuestros pecados? ¿Es hacer una lista de todo lo malo que hacemos durante el día y leerlo delante de Dios? ¿O es otra cosa?

Creo que ninguno de nosotros podemos decir que no hemos pecado.

9- ¿Cuál es la diferencia entre "tener pecado" y "cometer pecados"?

Juan dice que el error es "negar que tenemos pecado", pero tenemos un problema: Pablo afirma que hemos "muerto al pecado" (Romanos 6.2).

10- ¿Cómo entendemos el versículo 8 a la luz de Romanos 6.2?

Lo que nos anima del versículo 9 es que Dios no solamente perdona sino que también limpia. Perdona, pero también obra en nuestras vidas para eliminar las causas.

Juan afirma que si confesamos nuestros pecados Dios es fiel y justo cuando perdona nuestros pecados. Es fiel porque lo prometió. Es justo porque Jesucristo pagó la cuenta hasta del más miserable pecador.

Notas

1 – La palabra traducida "tocar" en el versículo 1 significa más bien "palpar". Es como la acción del ciego que busca conocer lo que toca.

2 - La manera en que la versión DHH traduce esto, es haciendo una interpretación y no es literalmente. Como las notas al final de la página de las Biblias de estudio indican, la traducción correcta puede ser "nuestra alegría" o "la alegría de ustedes". Los comentaristas sugieren que se refiere a "nosotros" en un sentido amplio, que los incluye a ellos.

2

Viejo y nuevo

1a. Juan 2.1-17

Juan dice que ha escrito para que *no pequemos*. Pero a la vez reconoce nuestra debilidad y que *estamos lejos de ser perfectos*. Sigue diciendo que si pecamos, *tenemos una salida*. Nos presenta también una palabra interesante, que en las diferentes versiones de la Biblia se la traduce de maneras distintas. (Nota 1) Por ejemplo:

RV = Abogado.
NVI = Intercesor.
DHH = Defensor.

Y en Juan 14.16 utiliza la misma palabra traducida como "consolador" (RV, NVI).

1- ¿Cómo nos ayuda esta palabra a comprender el versículo 1?

2- Si el sacrificio de Cristo nos perdona de la culpa del pecado, ¿por qué es necesario un intercesor o abogado?

La palabra correcta traducida por "sacrificio por el pecado" (versículo 2, NVI) es "propiciación" (RV). Es un sacrificio que se ofrece para aplacar la ira de Dios. No es equivalente a "perdón".

3- ¿Cómo nos ayudan el Salmo 7.11, el Salmo 78.38 y Romanos 1.18 a aclarar el significado del versículo 2?

4- ¿Implica el versículo 2 que toda la humanidad puede ser salva?

En la versión griega original, el versículo 3 comienza diciendo: "De esta manera sabemos...", y es una expresión que Juan repite unas 25 veces de una u otra forma. El autor presenta pruebas para que podamos saber si uno que profesa ser cristiano lo es realmente o no. Pero los versículos 3 a 6 crean un pequeño problema, porque hay muchos creyentes en nuestras iglesias acerca de quienes sería difícil afirmar que "obedecen a Dios."

5- ¿Qué es, realmente, obedecer a Dios? ¿Hasta qué extremo?

6- ¿Son los versículos 3 a 6 una regla adecuada para determinar si una persona realmente es de Dios?

7- ¿Cómo nos autoevaluamos como cristianos al tomar literalmente estos versículos?

8- En cuanto a los versículos 7 al 9,
   a) ¿Cuál es el mandamiento que siendo antiguo, es a la vez nuevo?

   b) Si es antiguo, ¿de qué manera es nuevo?

En el versículo 8 regresamos a la figura de "luz". Luz y oscuridad son figuras que encontramos a menudo en el Nuevo Testamento.

9- ¿Por qué Juan dice que "la persona que ama a sus hermanos" vive en la luz y no dice que "la persona que ama a Dios" vive en la luz?

10- Note el paralelo entre la luz física y la luz espiritual.
a) Si andamos en la luz hay menos posibilidad de tropezar, ¿cómo aplicamos esta figura a la vida cristiana?

b) Si andamos en la luz podemos ver a dónde nos vamos. ¿Cómo lo aplicamos a la vida cristiana?

Es notable que tanto Jesús como Juan, insisten en la dualidad *luz-oscuridad*. Pero nunca hablan de la "sombra", de la "aurora", de la "media luz". Es blanco o negro, es sí o no.

En los versículos 12 al 14 Juan habla de tres grupos: "niños" (Nota 2), jóvenes y padres. No está hablando de edades físicas, sino espirituales, las mismas que hemos de encontrar en una iglesia.

11- Describa qué características tendría cada edad (espiritual), no solamente en base a este pasaje.
    a) Niños.

    b) Jóvenes.

    c) Padres.

"No amen al mundo" es una exhortación que encontramos vez tras vez en el Nuevo Testamento. No podemos amar a Dios y a la vez amar al mundo. Nuestro Dios es celoso (Éxodo 34.14).

12- Juan menciona tres características de este mundo que no debemos amar. Explique cómo son con ejemplos de la actualidad:
a) "malos deseos del cuerpo" (NVI), "deseos de la carne" (RV).

b) "codicia de los ojos" (NVI), "deseos de los ojos" (RV), "deseo de poseer lo que agrada a los ojos" (DHH).

c) "la arrogancia de la vida" (NVI), "la vanagloria de la vida" (RV), "el orgullo de las riquezas" (DHH)

El mundo con sus deseos pasan, o "se acaban" (NVI, versículo 17). Pero Juan *no dice* que el mundo se acabará, sino que "se acaba" (NVI) o "se va acabando" (DHH).

13- Si Juan habla de la actualidad, ¿de qué está hablando? ¿Qué se acaba?

Vivimos rodeados de la oscuridad. Vivimos metidos en un mundo hostil respecto a los propósitos de Dios.

El planteo de Juan es el planteo de la vida.
"Y ahora, queridos hijos, permanezcan en él".

Notas

1 – El significado literal de la palabra es "llamar a su lado". Describe a una persona que ha sido llamada para asistir a otra.

2 – Hay más de una palabra traducida por "hijos" y en este caso se refiere a un niño pequeño. En la última parte del versículo 13 dice literalmente "han llegado a conocer" al Padre.

3 El mentiroso

1a. Juan 2.18-27

Jesús dijo que regresaría, pero no dijo cuándo (Marcos 13.32). Los creyentes del primer siglo pensaban que sería durante su vida, tal como los cristianos de hoy lo esperan.

Pero Juan introduce un nuevo tema: *el Anticristo*. La palabra puede significar dos cosas: "el que se opone a Cristo", o "el que pretende tomar el lugar de Cristo". Este término aparece solamente en las cartas de Juan. En este contexto es más probable que describa a los que se oponen a Cristo, a quienes lo rechazan de alguna manera.

1- ¿Qué más aprendemos de ellos de 1a. Juan 4.3 y 2° Juan v.7?

2- Es muy posible que el Anticristo sea la misma "persona" mencionada en 2° Tesalonicenses 2.1-12. ¿Cómo nos ayuda este pasaje a comprender quién o cómo es el Anticristo?

Juan dice que vendría luego pero que ahora ya había muchos con su espíritu (lo sugiere el vs.4.2). Y si había "anticristos" en el tiempo de Juan, seguramente existen hoy también.

3- Si es así, ¿cómo son? ¿quiénes son?

Juan dice que los "anticristos" de su tiempo habían salido de la iglesia. No dice si luego formaron su propia iglesia, o simplemente se fueron.

4- ¿Existe una situación parecida en nuestras iglesias? Explique.

5- Un comentarista sugiere que el versículo 19 "echa luz" sobre la naturaleza de la iglesia. ¿Cómo entiende usted la diferencia entre "la iglesia visible" y "la iglesia invisible"?

Es cierto, como dice Juan, que la persona que profesa ser cristiana pero que niega que Jesús es el Cristo, es mentirosa.

6- De su experiencia, ¿qué otros mentirosos podemos tener en la iglesia?

Una "unción" (la versión DHH no tiene la palabra) es el medio y el efecto con los cuales se unge. Por ejemplo en Éxodo 29.7 habla del aceite que se usaba para "ungir", "santificar", al sacerdote.

7- Si tomamos en cuenta Juan 14.26 y 2° Corintios 1.21,22, ¿qué sería esa "unción"?

Juan afirma que la persona que tiene la "unción" conoce la verdad (versículo 21).

8- ¿Implica esto que ya sabemos todo y que no hace falta el estudio bíblico? Explique.

Lo que negaban algunos (versículo 22) era que Jesús fuese el Cristo. Es decir, afirmaban que el hombre Jesús y el Cristo fueran dos personas. Según ellos, el Cristo vino a Jesús en su bautismo y salió antes de la crucifixión. El versículo 23 indica las consecuencias.

9- ¿Cómo podemos evitar ser engañados (versículo 26)?

El propósito del versículo 27 no es eliminar la necesidad de maestros en la iglesia. Con esta carta Juan mismo nos está enseñando. Según Efesios 4:11 uno de los dones del Espiritu es el ser maestro en la iglesia.

10- El versículo 24 habla de "permanecer", (dos veces en la versión NVI y tres en la RV). ¿Qué es "permanecer"?

"Estas cosas les escribo acerca de los que procuran engañarlos." (versículo 26 NVI). Nos hace falta esta misma advertencia hoy.

Debemos, entonces, "permanecer en él, tal y como él nos enseñó".

4 ¡Y lo somos!

1a. Juan 2.28 – 3.10

Nuevamente Juan repite la advertencia "permanezcamos en él" y esta vez con una condición.

1- ¿De qué manera Mateo 24.42-44 amplía el concepto del versículo 28? (Nota 1)

2- ¿No somos hijos de Dios? ¿No nos ama el Padre? ¿No es Jesucristo nuestro hermano (Hebreos 2.12 y 17)? ¿Por qué, entonces, podemos sentir vergüenza frente a él?

Una prueba de que hemos nacido de nuevo, -dice Juan en el versículo 29- es que *practiquemos la justicia*. Lo repite también en los vv.3.7 y 3.10

3- ¿Qué es "practicar la justicia"?

Juan se entusiasma cuando afirma que somos "hijos de Dios".
¡Qué maravilla! ¡Qué privilegio! (Nota 2)

Pero si somos hijos de Dios (y Juan lo enfatiza) ¿cómo puede ser
que el mundo no nos conozca? ¿No somos "abiertamente observa-
bles"? En América Latina, por lo menos, "sobran" los cristianos.

4- ¿Qué opina usted?

Juan dice que en el mundo futuro hemos de ser semejantes a
Cristo.

**5- Pero ¿qué es ser "semejante" a él? ¿Hasta qué punto lo
seremos? Veamos en 2º Corintios 3.18.**

La conclusión lógica es el versículo 6. Pero hay una diferencia entre la traducción de la RV y la NVI. La NVI dice "no practicamos el
pecado" y la RV dice "no pecamos".

6- ¿Cómo entiende la diferencia? (Nota 3)

Juan no afirma que "Jesús nunca cometió pecado", sino que "no
tiene pecado". La raíz enferma de donde brotan nuestros pecados
no existe en él. Según Juan, el campeón en practicar el pecado es
Satanás. Pero uno de los propósitos claves del Señor al llegar a esta
tierra era destruir sus obras.

Juan afirma también que el verdadero hijo de Dios no practica el pecado porque tiene "la semilla" (NVI) o "simiente" (RV) de Dios en él.

7- ¿De qué semilla habla Juan? (Puede haber más de una respuesta).

La manera en que podemos interpretar el versículo 6,"depende de la carga de significado del verbo *pecar*, respecto a la carga significativa de *practicar el pecado*".

Es, en un sentido, inevitable que pequemos. Juan lo afirma en el capítulo 1. Pero seguir en el pecado, continuar en algo que sabemos que no es la voluntad de Dios, es otra cosa. Si uno sigue practicando el pecado, según Juan, demuestra que no es realmente de Dios. O somos hijos de Dios o hijos del diablo. No hay "grises" en el reino de Dios. Somos hijos o no lo somos y nuestra vida lo demuestra. Es asunto de blanco o negro, vida o muerte.

8- Cómo último ejercicio, haga una lista de las pruebas que afirma Juan que muestran a los verdaderos hijos de Dios, desde 1.1 hasta 3.10.

No podemos jugar con Dios. No podemos tener una fe cristiana a "nuestro gusto". Más de una vez me he preguntado: "¿Cómo voy a ser, cómo voy a reaccionar delante de él?"

Notas

1 – La palabra "venida" (NVI y RV) es la traducción de "*parousía*", un término que, en uso común, indicaba la visita de un rey o emperador.

2 – Varias versiones del Nuevo Testamento agregan "¡Y lo somos!" después de "hijos de Dios" en el versículo 1.

3 – La palabra traducida "infringir la ley" (RV) o "transgresión de la ley" es "*anomía*", vivir sin ley, sin reglas. No habla de "una" ley, sino de una actitud de rebeldía. En 2º Tesalonicenses 2.3 es traducido por "pecado" (RV hombre de pecado) o "maldad" (NVI hombre de maldad). En 2º Tesalonicenses es "iniquidad" (RV).

5   Los asesinos

1a. Juan 3.11-24

Hay temas que Juan repite varias veces en su carta. El versículo 11 es un ejemplo.

1- ¿Qué razón ofrece Juan 13.34, 35 del por qué es necesario este mensaje?

Los invito a leer la historia del conflicto entre Abel y Caín en Génesis 4.3-8. Tengamos en cuenta también la lectura de Hebreos 11.4.

2- ¿Qué impulsó a Caín a atacar a su hermano?

3- Prestemos atención al versículo 13. ¿Por qué no debemos extrañarnos?

Los versículos 13 y 15 hablan de los hermanos, pero de una manera muy severa.

4- ¿Es el versículo 14 una prueba suficiente de que una persona es de Cristo? ¿Por qué?

Nos llenamos de alegría por el amor que Dios nos mostró cuando su Mesías entregó su vida por nosotros.

5- Pero ¿qué es "entregar la vida por nuestros hermanos?" (versículo 16 NVI)

El versículo 17 me hace recordar al hermano pobre que necesitaba una medicina costosa. Pidió ayuda a su iglesia pero le respondieron que "no tenían dinero". La realidad es que estaban gastando todo en equipos. Pero las Escrituras son claras: la primera responsabilidad económica de una iglesia son sus miembros necesitados. (En este caso un hermano de otra iglesia le ayudó.)

Juan dice que debemos amar a nuestro hermano, esa persona de carne y hueso que conocemos. En un sentido es fácil amar a "la humanidad" pero el amor que describe Juan no es un ideal, sino que nos impulsa a actuar.

Seguramente hemos escuchado multitudes de veces desde el púlpito acerca de la necesidad de amar a nuestros hermanos.

6- ¿Por qué, entonces, vemos tantos ejemplos de la falta de amor?

7- El versículo 19 comienza con: "En esto sabemos..." (NVI). ¿Qué es "esto"?

Juan habla del cristiano cuyo corazón no lo condena. Pero es demasiado fácil que actuemos mal (o a propósito, o por ignorancia) y que nuestro corazón *no* nos condene.

Sospecho que más de una vez hemos sentido eso en nuestro interior. Pero ¿qué tiene que ver eso con el hecho de que "Dios es más grande que nuestro corazón y sabe todo" (NVI)?. Realmente debe darnos temor si Dios sabe todo, no alivio.

8- ¿Qué opina usted?

El versículo 22 destaca un problema que ha creado mucha controversia: ¿Recibimos todo lo que pedimos?

Se aclara el tema cuando recordamos que las Escrituras nos dan condiciones y limitaciones a nuestra oración.

9- ¿Cuáles son algunas de esas limitaciones según Marcos 11.25, Santiago 1.5-7, Santiago 4.2,3 y 1º Pedro 3.12?

10- ¿Por qué son esenciales ambas partes del mandato del versículo 23? ¿Qué pasa si falta una parte?

Es realmente una maravilla que Dios pueda permanecer en nosotros y nosotros en Dios (versículo 24).

11-¿De qué manera el Espíritu nos hace saber eso?

"Dios es amor. El que permanece en amor permanece en Dios." (4.16 NVI)

6 Una verdad clave

1a. Juan 4.1-21

El mundo está lleno de voces "cristianas". Algunas genuinas, otras distorsionadas. Juan insiste en que debemos escuchar con discernimiento.

El problema en la época de Juan era el "gnosticismo". Un sistema filosófico que comenzó a infiltrarse en las iglesias. Esencialmente insistían en que la materia era mala, y que lo bueno era espiritual. Como consecuencia algunos negaban la encarnación y negaban también que el Cristo viniera en cuerpo material. (Nota 1)

1- Si negamos la encarnación, ¿qué verdades esenciales de la fe cristiana estaríamos negando?

Observe que el énfasis de Juan no es solamente en el contenido de un mensaje falso sino también en su origen: si es de Dios o del diablo. Porque como Juan ha afirmado, hay otros espíritus, aparte del Espíritu Santo, que ofrecen su mensaje. Todo lo "espiritual" no es necesariamente de Dios.

2- ¿Cuál puede ser una prueba actual de que un predicador o maestro es falso?

Juan dice que ellos habían "vencido" a esos falsos profetas.

3 ¿De qué manera podemos "vencer" a los que vienen con un mensaje falso?

Juan dice que es posible porque "el que está en ustedes es más poderoso que el que está en el mundo." (14, NVI)

4- ¿Quién es más poderoso y en comparación con quien?

5- Si el que no es de Dios no nos escucha (versículo 6) entonces ¿qué sentido tiene la evangelización?

Con el versículo 7 Juan regresa de nuevo a lo que es su tema clave. Lo repite varias veces.

6- ¿Cuál es la diferencia entre decir "Dios nos muestra su amor" y "Dios es amor"?

7- ¿Qué diferencia existe entre el amor de Dios y el más excelente amor humano?

La manera en que Dios mostró su amor es bien clara. Es alguien que tomó la iniciativa (versículo 19). Es él quien mandó a Jesús a la cruz para darnos vida (versículo 9). Estoy seguro de que todos los que profesamos ser discípulos de Jesucristo creemos esto.

"Permanecer" es una palabra fuerte. Sugiere constancia, estabilidad. Y es un tema que Jesús afirmó (como en Juan 15.4).

8- En los versículos 13 al 16 hay tres pruebas de que nosotros permanecemos en Dios y Dios en nosotros. ¿Cuáles son?

Diferentes versiones de la Biblia traducen la última parte del versículo 17 de maneras distintas:

RV = "..como él es, así somos nosotros en este mundo."
NVI = "..en este mundo han vivido como vivió Jesús."
DHH = "..nosotros somos en este mundo tal como es Jesús."

9- ¿Cómo entiende usted esta expresión?

10- En los versículos 17 y 18 se habla de "temor". ¿De qué ha de sentir temor el cristiano?

En los últimos versículos Juan plantea de nuevo su afirmación principal: Necesitamos amar a nuestro hermano. Si no lo hacemos no amamos realmente a Dios.

11- Pero ¿qué es amar a una persona que no podemos tolerar?

El mensaje de Juan es tan simple... simple y difícil. Lo pinta en blanco y negro. La vida cristiana se define con una sola palabra: *amar*. Fácil de decir pero difícil de vivir.

Notas

1 – Aunque la palabra "encarnación" no se encuentra en la Biblia, define una verdad clave. Afirma que Jesús, el Cristo, era verdaderamente hombre. No era un ser espiritual que vino a Jesús en el bautismo y salió antes de la crucifixión como afirmaban ellos.

7 La victoria

1a.. Juan 5.1-12

Ya son ocho las veces en que la carta de Juan utiliza la palabra "creer". Pero, como dice Santiago 2.13-20 de su carta, "hay fe... y hay fe".

1- Por ejemplo, ¿es lo mismo decir "creo en Jesús" y decir "creo que Jesús es el Cristo"?

2- ¿Por qué, según dice Juan, la obediencia es la prueba válida de nuestro amor a Dios?

3- Juan dice que los mandamientos de Dios no son difíciles de cumplir (versículo 3). ¿Es esa su experiencia?

4- En los versículos 4 y 5 Juan habla tres veces de "vencer al mundo".
   a) ¿Qué es vencer al mundo?

   b) ¿Juan lo presenta como un desafío o como un logro?

   c) Usted, ¿ha vencido al mundo?

Existe una variedad de interpretaciones acerca del agua y la sangre. Sin duda ésta es una de las porciones más difíciles de la carta. (Nota 1).

5 Si se refieren al comienzo y terminación del ministerio del Señor, ¿a qué se refieren?

Juan dice que son tres los testigos de Jesús: el Espíritu, el agua y la sangre, y que están de acuerdo (Nota 2).

6- ¿En qué han de estar de acuerdo?

7- ¿De qué manera el Espíritu es un "testigo"?

Lo que separa la vida de la muerte es el Hijo. Tenerlo es tener vida; no tenerlo es estar muerto.

8- Pero ¿qué es "tener" al Hijo?

En un sentido el mensaje de Juan es muy sencillo; todo depende de Jesús el Cristo. Con él tenemos todo, sin él no tenemos nada.

Notas

1 - Algunos piensan que se refiere al bautismo cristiano y la Cena del Señor. Otros han pensado que se refiere al agua y la sangre que salieron del costado de Jesús (Juan 19.34). Pero Juan dice que "vino", nació mediante agua y sangre.

2 – El versículo 7 presenta una cierta complicación. En versiones modernas de la Biblia (y la nota al pie de la RV) eliminan las palabras "El Padre, el Verbo y el Espíritu Santo y estos tres acuerdan".

Aparecen primeramente en un manuscrito en Latín del siglo IV pero en ningún manuscrito griego hasta el siglo XV. Aparentemente fueron agregados posteriormente por algún escriba piadoso.

8 Nos proteje

1a. Juan 5.13-21

Hay que recordar que los subtítulos que tienen nuestras Biblias no existían en los manuscritos originales. Han sido agregados -como la numeración de capítulos y versículos- para ayudarnos en nuestra lectura y estudio. Así que el versículo 13 es simplemente la conclusión de los versículos 11 y 12. (Nota 1)

Pero el versículo 14 introduce otro tema. No es la primera vez que Juan habla de condiciones para que Dios nos escuche.

1- ¿Cuáles son las condiciones que ha indicado anteriormente en su carta?

Juan dice en este pasaje que debemos pedir "según la voluntad de Dios".

2- ¿Qué diferencia hay entre pedir "según su voluntad" y pedir "si es su voluntad"?

3- ¿Hasta qué punto podemos saber si lo que pedimos es según su voluntad o no?

Con el versículo 16 Juan introduce un tema difícil. Pero vamos por partes: en esta carta Juan traza una línea entre las personas que tienen vida y las que no la tienen.

4 ¿Cuál es la diferencia esencial entre los dos grupos? ¿Cuál es el elemento clave que los separa?

Seguramente muchas personas, cuando lean el versículo 16, van a pensar en Marcos 3.28-30.

Pero es importante notar dos cosas: primero, según Jesús, (Marcos 3) todos los pecados tienen perdón menos uno.

Y segundo, solamente podemos comprender lo que Jesús dijo si tomamos en cuenta el contexto, es decir, el versículo de Marcos 3:30. **5-A la luz de lo que Marcos dice, ¿cuál sería el único pecado sin perdón?**

En este pasaje Juan habla de dos clases de personas: las que pueden pecar y las que han cometido el pecado sin perdón.

6- ¿Cuál puede ser la razón por la que hemos de orar por los primeros, pero no por los otros?

En el versículo 16 la palabra "Dios" no está en los manuscritos griegos antiguos. Es una interpretación insertada para "simplificar" la interpretación del versículo.

7- Si la palabra "Dios" no está en el versículo, ¿a qué se puede referir Juan cuando dice "ore por él y le dará vida"?

Varios pasajes nombran a Satanás como el que manda en este mundo (Juan 12.31, 14.30, 16.11 y Efesios 6.12). Se le ha permitido reinar hasta el regreso del Cristo.

Pero Juan afirma que el maligno no nos puede tocar. Ya lo había dicho en 4.4.

Lo normal, cuando hay alguna desgracia (homicidios, accidentes en la ruta, terremotos, etc., es decir que Dios lo permitió.

8- ¿Es correcto decir esto? Explique.

En estos últimos versículos hay tres cosas que son ciertas (RV), tres cosas que sabemos (NVI).

9- ¿Cuáles son?

Juan termina diciendo que debemos "guardarnos de", o "apartarnos", de los ídolos.

10- ¿Cómo entiende esta exhortación en la actualidad?

11 Como conclusión, qué nos enseña esta carta de Juan acerca de:
  a) La encarnación?

  b) el pecado?

  c) el amor?

  d) si llevamos o no una vida en relación con Dios?

Notas

1 – Las versiones modernas de la Biblia no contienen las palabras "...y para que creáis en el nombre del Hijo de Dios". La nota al pie de la página en la versión RV95 dice lo mismo.

Una característica de Juan es que dice mucho con pocas palabras. Pero lo que dice es tema de vida o muerte. El propósito de Juan es claro:

"*El que tiene al Hijo, tiene la vida; el que no tiene al Hijo de Dios, no tiene la vida. Les escribo estas cosas a ustedes que creen en el nombre del Hijo de Dios, para que sepan que tienen vida eterna.*" (1 Juan 5.12, 13)

Cómo utilizar este cuaderno

Este cuaderno es una guía de estudio, es decir que su propósito es guiarlo a usted para que haga su propio estudio del tema o libro de la Biblia que desarrolla este material.

El cuaderno propone un diálogo. En él introducimos el tema, sugerimos cómo proceder con la investigación, comentamos, pero también preguntamos. Los espacios en blanco después de las preguntas son para que usted anote sus respuestas.

Esperamos que por medio del diálogo le ayudemos a forjar su propia comprensión del tema. No de segunda mano, como cuando se escucha un sermón, sino como fruto de su propia lectura e investigación.

¿Cómo hacer el estudio?

1 - Antes de comenzar, ore. Pida ayuda a Dios para que le hable y le dé comprensión durante su estudio.

2 - Debe leer los pasajes bíblicos más de una vez y preguntarse: ¿Qué dice el autor? Aunque muchos utilizan la versión "Reina-Valera" de la Biblia, conviene tener otra versión, o versiones, disponibles para comparar los pasajes. La versión "Dios Habla Hoy" y la "Nueva Versión Internacional" le pueden ayudar a ver el pasaje con más claridad.

3 - Siga con la lectura de la lección. Responda lo mejor que pueda a las preguntas.

4 - Evite la tendencia de apurarse para terminar. Es mejor avanzar lentamente, pensando, preguntando, aclarando.

En grupo

El estudio personal es de mucho valor, pero se multiplican los beneficios si lo acompaña con el estudio en grupo. Un grupo de hasta ocho personas es lo ideal. Pero puede ser que, por diferentes motivos, el grupo esté formado por usted y una persona más; aun así, es mejor que estudiar solo.

En realidad, estos cuadernos han sido diseñados con el motivo siguiente: estimular el estudio en células, en grupos pequeños.

La manera de hacerlo es fácil:

1 - Haga en forma personal una de las lecciones del cuaderno. Aun cuando pueda haber cosas que no entienda bien, haga el mayor esfuerzo posible para completar la lección.

2 - Luego reúnase con su grupo. En el grupo compartan entre todos las respuestas a cada pregunta. Puede ser que no tengan las mismas respuestas, pero, comparando entre todos, las van aclarando y corrigiendo. En este compartir semanal de una hora y media, este diálogo entre todos, se encuentra la verdadera riqueza que nos provee esta forma de estudio.

3 - Evite salirse del tema. El tiempo es oro y lo más importante es enfocar todo el esfuerzo del grupo en el tema de la lección. Luego pueden dedicar tiempo para conocerse más y tener un rato social.

4 - Participe. Todos deben participar. La riqueza del trabajo en grupo es justamente eso.

5 - Escuche. Hay una tendencia a apurar nuestras propias opiniones sin permitir que el otro termine. Vamos a aprender de cada uno, aun de los que, según nuestra opinión, estén equivocados.

6 - No domine la discusión. Puede ser que usted tenga todas las respuestas correctas, sin embargo es importante dar lugar a todos y estimular a los tímidos a participar. No se trata de sobresalir, sino de compartir aprendiendo juntos.

Si en el grupo no hay una persona con experiencia para coordinarlo, se puede encontrar ayuda para dirigir un grupo en los siguientes lugares:

1 - Nuestra página web: www.edicionescc.com. La sección "Capacitación" ofrece una explicación breve del método de estudio.

2 - Las últimas páginas de nuestro catálogo ofrecen también una orientación.

3 - El cuaderno titulado "Células y otros grupos pequeños" es un curso de capacitación para los que desean aprender a coordinar un grupo.

4 - Algunas guías disponen de un cuaderno de sugerencias para el coordinador del grupo.

Finalmente diremos que las guías no contienen respuestas a las preguntas, ya que el cuaderno es exactamente eso: una guía, una ayuda para estimular su propio pensamiento, no un comentario ni un sermón. Le marcamos el camino, pero es usted quien lo tiene que seguir.

Que el Señor lo acompañe en esta tarea, y si necesita ayuda, comuníquese con nosotros. Estamos para servirle.

Se terminó de imprimir en los
Talleres Gráficos de
Ediciones CC
Córdoba 419 - Villa Nueva, Pcia de Córdoba
Junio de 2014
IMPRESO EN ARGENTINA

www.ingramcontent.com/pod-product-compliance
Lightning Source LLC
Chambersburg PA
CBHW060631030426
42337CB00018B/3304